AF193127

Roverismo hacia el Éxito en el Siglo XXI: Navegando los Desafíos de los Jóvenes de Hoy

Alfredo Friedrich Zapata

Roverismo hacia el Éxito en el Siglo XXI:
Navegando los Desafíos de los Jóvenes de Hoy
Alfredo Friedrich Zapata

Diseño de la cubierta: Equipo de diseño de Universo de Letras
Imagen de cubierta: ©Shutterstock.com

Obra publicada por el sello Universo de Letras
www.universodeletras.com

Primera edición: 2024

ISBN: 9788410004610
ISBN eBook: 9788410004900

*Esta obra está dedicada con profundo cariño a
todos mis amigos scouts, cuyo espíritu de aventura,
camaradería y servicio inspira cada página de este libro.
A mi abuela, fuente inagotable de amor, sabiduría y
apoyo incondicional, cuyo ejemplo de bondad y fortaleza
sigue iluminando mi camino. A través del roverismo y
el amor familiar, encontramos el impulso para alcanzar
nuevas alturas y dejar una huella positiva en el mundo.
¡Gracias por ser mi constante inspiración y guía!*

ALFREDO FRIEDRICH ZAPATA

Prólogo

Es un honor y un privilegio presentarles este libro, *"Roverismo hacia el Éxito en el Siglo XXI: Navegando los Desafíos de los Jóvenes de Hoy"*. En estas páginas, hemos emprendido un viaje de transformación, tomando como base el valioso legado de Lord Baden-Powell y adaptándolo a los desafíos que enfrentan los jóvenes de hoy en día.

En un mundo en constante evolución, los escollos a los que nos enfrentamos han cambiado. La tecnología nos conecta, pero también nos desconecta, las presiones sociales nos bombardean desde todas las direcciones, el cambio climático amenaza nuestro futuro y el bienestar mental se ha vuelto una preocupación cada vez más apremiante. Ante estos retos, surge la necesidad de explorar nuevas perspectivas y estrategias para alcanzar el éxito personal y colectivo.

En este libro, hemos abordado estos desafíos desde una mirada reflexiva y práctica, ofreciendo consejos, ejemplos y actividades que permiten a los jóvenes de hoy tomar el timón de su propia vida y navegar hacia un futuro prometedor.

Cada capítulo se enfoca en un escollo específico, reconociendo la complejidad de las situaciones que enfrentamos y proporcionando herramientas para superarlos. Desde la conciencia y autodisciplina hasta la diversidad y la inclusión, desde el equilibrio entre géneros hasta el liderazgo y la autorrealización, y desde el cambio climático hasta el bienestar mental, hemos explorado los desafíos que impactan nuestra existencia y hemos ofrecido soluciones prácticas.

A través de ejemplos de la vida real y actividades prácticas, invitamos a los lectores a reflexionar, cuestionar y actuar. Cada página se convierte en una invitación a tomar las riendas de nuestras vidas, a explorar nuestras pasiones, a ser agentes de cambio y a encontrar la fuerza para enfrentar los escollos con determinación y resiliencia.

"Roverismo hacia el Éxito en el Siglo XXI: Navegando los Desafíos de los Jóvenes de Hoy" es un llamado a la acción y a la evolución personal. Es una guía que busca empoderar a los jóvenes para que se conviertan en líderes conscientes, ciudadanos comprometidos y agentes de cambio positivo en sus comunidades y en el mundo.

A medida que nos adentramos en estas páginas, les invitamos a explorar, a reflexionar y a aplicar los consejos y estrategias presentados. Nuestro deseo es que este libro sea una herramienta valiosa en su viaje hacia el éxito, brindándoles inspiración, orientación y apoyo en cada paso del camino.

En última instancia, *"Roverismo hacia el Éxito en el Siglo XXI: Navegando los Desafíos de los Jóvenes de Hoy"* es un recordatorio de que cada uno de nosotros tiene el poder de moldear nuestro propio destino y contribuir al bienestar colectivo. Juntos, podemos superar los escollos y abrir camino hacia un futuro lleno de posibilidades y logros.

¡Que este libro sea una fuente de inspiración y guía en tu búsqueda personal hacia el éxito en el siglo XXI!

Introducción

Bienvenidos a este viaje de autodescubrimiento y crecimiento personal en la era moderna. En estas páginas, nos sumergiremos en los desafíos que enfrentan los jóvenes de hoy en día y exploraremos cómo adaptar las enseñanzas intemporales del roverismo para alcanzar el éxito en el siglo XXI.

En un mundo cada vez más interconectado y en constante cambio, los jóvenes se enfrentan a una serie de escollos que no habían sido concebidos en la época en que Lord Baden-Powell escribió sus memorias. La tecnología ha revolucionado la forma en que nos comunicamos, las redes sociales han transformado nuestra percepción de nosotros mismos y del mundo, y el cambio climático nos desafía a repensar nuestra relación con el entorno.

Es en este contexto dinámico y desafiante que hemos decidido tomar el legado de Lord Baden-Powell y adaptarlo a los desafíos actuales. *"Roverismo hacia el Éxito en el Siglo XXI: Navegando los Desafíos de los Jóvenes de Hoy"* es una invitación a reflexionar sobre nuestras vidas, a enfrentar los obstáculos que encontramos y a desarrollar las habilidades y mentalidades necesarias para triunfar en este nuevo panorama.

No sólo examinaremos estos escollos, sino que también brindaremos consejos prácticos, ejemplos inspiradores y actividades desafiantes para que los lectores puedan aplicar en su vida diaria. Este libro no solo se trata de la teoría, sino de la acción. Queremos que cada página sea una invitación a explorar nuevas perspectivas, a tomar decisiones conscientes y a enfrentar los desafíos con valentía.

En última instancia, *"Roverismo hacia el Éxito en el Siglo XXI: Navegando los Desafíos de los Jóvenes de Hoy"* es un recordatorio de que el éxito no se limita a los logros externos, sino que también se encuentra en nuestro crecimiento personal, nuestra capacidad para enfrentar adversidades y nuestro impacto positivo en el mundo que nos rodea. Todos somos agentes de cambio y tenemos la capacidad de forjar nuestro propio camino hacia el éxito, sin importar los obstáculos que encontremos.

El roverismo es un movimiento educativo y de desarrollo personal que tiene como objetivo principal formar a jóvenes para que se conviertan en ciudadanos comprometidos, responsables y solidarios. Se basa en los principios y valores establecidos por Lord Robert Baden-Powell, fundador del Movimiento o la Hermandad Scout, pero está dirigido a jóvenes mayores que se encuentran en una etapa de transición hacia la adultez.

El roverismo busca proporcionar a los jóvenes herramientas y experiencias significativas que los ayuden a desarrollar sus habilidades de liderazgo, a explorar su potencial y a enfrentar los desafíos de la vida con confianza y resiliencia. Se centra en el aprendizaje a través de la acción, la vida en comunidad y el servicio a los demás.

Un Rover es un joven que participa activamente en el movimiento o la hermandad originalmente desde los dieciséis hasta los dieciocho años, según corresponda el país, acorde a la mayoría de edad estipulada. Es alguien que está dispuesto a aprender, a crecer y a hacer una diferencia en su entorno. Un Rover se compromete a seguir los principios y valores del roverismo, como el respeto por sí mismo y por los demás, el cuidado del entorno natural, la promoción de la diversidad y la inclusión, y el servicio a la comunidad.

Ser un Rover implica participar en actividades que fomenten el desarrollo personal y la vida en equipo. Los rovers se involucran en proyectos comunitarios, en actividades al aire libre, en la adquisición de habilidades prácticas y en la exploración de temas relevantes para su crecimiento personal, como la toma de decisiones, la resolución de conflictos y el desarrollo de valores éticos.

Además, los Rovers tienen la oportunidad de conocer a otros jóvenes con ideas afines, de establecer amistades duraderas y de formar parte de una comunidad global de rovers que comparten un objetivo común: construir un mundo mejor.

En resumen, el roverismo es un movimiento que busca formar a jóvenes responsables, comprometidos y solidarios, mientras que un rover es aquel joven que se involucra activamente en el movimiento y se esfuerza por crecer, aprender y hacer una diferencia en su entorno.

Así que, prepárate para embarcarte en este viaje de autodescubrimiento, empoderamiento y evolución personal. A través de la adaptación del roverismo al siglo XXI, descubriremos cómo navegar los desafíos de nuestra época y alcanzar el éxito en todas sus dimensiones.

Bibliografía

BADEN POWELL

Robert Stephenson Smyth Lord Baden-Powell Of Gilwell, 1st Baron Baden-Powell of Gilwell, nacido el 22 de febrero de 1857 en Londres, Inglaterra, y fallecido el 8 de enero de 1941 en Nyeri, Kenia, fue un destacado militar, educador y fundador del movimiento Scout.

Baden-Powell se unió al ejército británico en 1876 y sirvió en diversas campañas militares en África y la India. Su liderazgo y habilidades para el rastreo y la supervivencia le valieron reconocimiento y le permitieron ascender en el ejército.

En 1907, durante su servicio en el ejército británico en Sudáfrica, Baden-Powell se dio cuenta de que los jóvenes soldados tenían habilidades y cualidades que podrían beneficiarse si se les enseñaba en un ambiente educativo y divertido. Inspirado por esta idea, organizó un campamento experimental en la isla de Brownsea, Inglaterra, en 1907, donde puso en práctica las bases del escultismo.

El éxito del campamento de Brownsea llevó a Baden-Powell a publicar su libro *"Escultismo para muchachos"* en 1908, que se convirtió en la base del movimiento scout. El escultismo se expandió rápidamente en todo el mundo y se convirtió en un movimiento educativo y de desarrollo juvenil que promovía la formación de jóvenes responsables, autónomos y comprometidos con los demás y con la sociedad.

En 1910, Baden-Powell fundó la Asociación de Boy Scouts, que más tarde se convirtió en la Organización Mundial del Movimiento Scout. Viajó extensamente y dedicó su vida a promover los valores y principios del escultismo. También escribió varios libros sobre escultismo y liderazgo.

Lord Baden-Powell escribió "Roverismo hacia el éxito" ("Rovering to Success") con el objetivo de brindar orientación y apoyo a los jóvenes mayores dentro del movimiento Scout, conocidos como rovers. Reconoció que estos jóvenes se enfrentaban a desafíos específicos a medida que avanzaban hacia la adultez y deseaba proporcionarles las herramientas y enseñanzas necesarias para superar esos obstáculos y alcanzar el éxito en sus vidas.

En el libro, Baden-Powell comparte sus experiencias personales y profesionales, así como sus ideas sobre liderazgo, servicio comunitario, desarrollo personal y habilidades prácticas. También aborda temas como la toma de decisiones, la resolución de problemas, la autorrealización y la importancia de tener un propósito en la vida.

El título "Roverismo hacia el éxito" refleja el enfoque de Baden-Powell en ayudar a los rovers a encontrar su camino hacia el éxito personal y profesional, al tiempo que promueve los valores y principios del movimiento Scout.

A través de este libro, Baden-Powell buscaba inspirar y motivar a los jóvenes a aprovechar al máximo sus habilidades y talentos, afrontar los desafíos de la vida con valentía y confianza, y contribuir positivamente a la sociedad. Su objetivo era ayudar a los rovers a convertirse en ciudadanos responsables y comprometidos, capaces de alcanzar el éxito en todas las áreas de sus vidas.

"Roverismo hacia el éxito" se convirtió en una guía invaluable para los rovers y para todos aquellos interesados en el desarrollo personal y el liderazgo juvenil. Hasta el día de hoy, continúa siendo una obra relevante y una fuente de inspiración para los jóvenes que buscan alcanzar el éxito y hacer una diferencia en el mundo.

Lord Baden-Powell fue reconocido y honrado por su contribución al movimiento Scout y recibió numerosas condecoraciones y títulos honoríficos a lo largo de su vida. Su legado continúa hasta el día de hoy, con millones de jóvenes en todo el mundo participando en el movimiento Scout y siguiendo los principios establecidos por él.

Falleció en 1941 en Kenia, donde había establecido un hogar tras su retiro. Su influencia perdura y su nombre está estrechamente asociado con los valores de la amistad, la aventura, el servicio y el desarrollo personal que forman la base del escultismo.

ESCOLLO DE LA TECNOLOGÍA

Apuestas - Escollo de la Tecnología: En lugar de centrarnos únicamente en las apuestas, hemos abordado el desafío de la adicción a los dispositivos electrónicos y la sobreexposición a las redes sociales. Ambos implican el riesgo de caer en comportamientos adictivos y compulsivos que pueden afectar negativamente la vida de los jóvenes.

En la sociedad actual, la tecnología se ha vuelto omnipresente en nuestras vidas. Los dispositivos electrónicos, las redes sociales y las aplicaciones nos brindan una conectividad constante y acceso a una cantidad infinita de información. Sin embargo, también nos enfrentamos a desafíos que pueden afectar nuestro bienestar y desarrollo personal.

La adicción a los dispositivos electrónicos se ha convertido en una preocupación creciente. Pasamos horas deslizando pantallas, inmersos en un mundo virtual que nos aleja de la realidad tangible. Nos encontramos atrapados en un ciclo de notificaciones, likes y comentarios, buscando validación y aprobación en la pantalla.

La sobreexposición a las redes sociales ha transformado nuestra forma de relacionarnos. A veces, nos vemos atrapados en la comparación constante con los demás, preocupados por nuestra apariencia en línea y buscando la aceptación de los demás en lugar de cultivar nuestra autenticidad y autoestima.

La dependencia de la tecnología para la validación personal nos aleja de nuestro propio autoconocimiento y confianza. Nos preocupamos por la cantidad de seguidores o likes que tenemos, y basamos nuestro valor en la respuesta de los demás en lugar de cultivar nuestra propia fortaleza interior.

Pero no todo está perdido. Podemos enfrentar estos desafíos y desarrollar una relación saludable con la tecnología. En esta sección, exploraremos estrategias prácticas para superar el escollo de la tecnología y aprovecharla de manera consciente y equilibrada en nuestras vidas.

¡Es momento de tomar el control y navegar por las aguas digitales con confianza y sabiduría! Juntos, exploraremos cómo superar los desafíos de la tecnología y encontrar un camino hacia el éxito y el bienestar en la era digital.

"La tecnología nos ha hecho cibernéticos. Nos ha brindado una nueva forma de ser humanos" - Marshall McLuhan, teórico de la comunicación canadiense. La frase fue expresada en su obra "Understanding Media: The Extensions of Man" (1964).

Establecer límites:

Establecer límites claros en el uso de la tecnología es esencial para evitar caer en la adicción y mantener un equilibrio en nuestra vida diaria. Esta es una regla personal de no utilizar dispositivos electrónicos durante las comidas o una hora antes de acostarte. Estos momentos pueden ser aprovechados para conectarse con las personas que te rodean o para descansar y relajarte. Crea un horario semanal en el que establezcas intervalos de tiempo específicos para el uso de la tecnología. Utiliza una aplicación de seguimiento del tiempo o un temporizador para ayudarte a respetar esos límites.

Practicar la desconexión digital:

Dedicar tiempo a desconectarse por completo de la tecnología nos permite descansar, rejuvenecer y reconectarnos con el mundo real. Este será un ritual diario de desconexión, como dar un paseo al aire libre sin llevar tu teléfono móvil contigo. Disfruta de la naturaleza, observa tu entorno y permite que tu mente se relaje sin la distracción de la tecnología. Escoge un día de la semana en el que te desconectarás por completo de la tecnología durante al menos unas horas. Utiliza ese tiempo para hacer ejercicio, leer un libro, escribir en un diario o pasar tiempo de calidad con amigos y familiares.

Fomentar la autorreflexión:

Ser conscientes de nuestros patrones de comportamiento y emociones al usar la tecnología nos ayuda a tomar decisiones más informadas y conscientes sobre su uso. Antes de revisar tus redes sociales, pregúntate cómo te sientes en ese momento y qué expectativas tienes al hacerlo. Observa si experimentas emociones negativas, como la ansiedad o la comparación constante. Mantén un registro diario de tus emociones y pensamientos relacionados con el uso de la tecnología. Identifica los momentos en los que te sientes más vulnerable y busca alternativas saludables para enfrentar esas situaciones.

Cultivar intereses y pasiones offline:

Dedicar tiempo a actividades fuera de la tecnología nos permite descubrir nuevos intereses, desarrollar habilidades y tener una vida más equilibrada. Encuentra un pasatiempo o actividad que te apasione, como tocar un instrumento musical, practicar un deporte, aprender a cocinar o involucrarte en proyectos creativos. Estos momentos te brindarán satisfacción personal y diversificarán tu experiencia de vida. Haz una lista de actividades offline que siempre has querido probar y elige una para empezar esta semana. Comprométete a dedicar tiempo regularmente a esa actividad y observa cómo te hace sentir y cómo contribuye a tu bienestar general.

Establecer una comunicación saludable:

La forma en que nos comunicamos en línea puede tener un impacto significativo en nuestras relaciones y bienestar emocional. Es importante fomentar una comunicación saludable y constructiva. Antes de responder a un comentario en redes sociales, tómate un momento para reflexionar sobre el tono y la intención de tus palabras. Evita los insultos, las discusiones infructuosas y el tono agresivo. En su lugar, busca el entendimiento y la empatía. Participa en un ejercicio de "comunicación consciente". Durante una semana, observa tus interacciones en línea y haz un esfuerzo consciente para ser respetuoso, empático y constructivo en tus comentarios y respuestas.

Utilizar aplicaciones de bienestar digital:

Las aplicaciones de bienestar digital pueden ser herramientas útiles para ayudarte a monitorear y limitar el tiempo que pasas en tus dispositivos. Pueden brindarte recordatorios y estadísticas para mantener un equilibrio saludable en tu uso de la tecnología. Descarga una aplicación de bienestar digital en tu teléfono móvil que te ayude a controlar y limitar el tiempo que pasas en

19

aplicaciones y sitios web no productivos. Establece metas diarias o semanales para reducir gradualmente el tiempo de pantalla y observa cómo te sientes al hacerlo. Explora diferentes aplicaciones de bienestar digital disponibles y elige una que se adapte a tus necesidades y preferencias. Configúrala según tus objetivos y utiliza sus características para mantenerte consciente y equilibrado en tu uso de la tecnología.

Priorizar el bienestar mental:

El bienestar mental es fundamental en nuestra relación con la tecnología. Cuidar nuestra salud mental nos ayuda a mantener una perspectiva equilibrada y saludable en nuestra vida digital. Dedica tiempo diario a prácticas que fomenten tu bienestar mental, como la meditación, la práctica de la gratitud o la escritura en un diario. Estas actividades te ayudarán a cultivar la atención plena, reducir el estrés y fortalecer tu resiliencia emocional. Elige una práctica de bienestar mental que te resulte atractiva y comprométete a dedicar al menos 10 minutos al día a ella. Lleva un registro de cómo te sientes antes y después de la práctica y observa los beneficios que experimentas a lo largo del tiempo.

Relatos Auténticos de Vidas Extraordinarias

Tristan Harris es un ex empleado de Google que se ha convertido en una destacada voz crítica sobre el impacto negativo de la tecnología en la vida de las personas, especialmente en los jóvenes. Después de darse cuenta de cómo las plataformas tecnológicas estaban diseñadas para captar la atención de manera adictiva y manipuladora, decidió tomar acción.

Fundó el Centro para la Tecnología Humana, una organización dedicada a promover el diseño ético y responsable de la tecnología. Tristan Harris trabaja incansablemente para concientizar sobre los efectos negativos de la dependencia tecnológica y aboga por un cambio en la forma en que se diseña y se utiliza la tecnología.

Su historia de vida destaca la importancia de ser consciente del uso de la tecnología y de los desafíos que presenta, especialmente para los jóvenes. Tristan Harris se ha convertido en un defensor clave para promover un uso más saludable y equilibrado de la tecnología, alentando a las personas a tomar el control de su propia atención y bienestar.

Fuente: "Center for Humane Technology"

ESCOLLO DE LAS PRESIONES SOCIALES Y EL AUTOESTIMA

En la era digital actual, los jóvenes se enfrentan a un escollo significativo: las presiones sociales y la autoestima influenciados por las redes sociales. La búsqueda constante de aprobación, la comparación con los demás y la influencia negativa de los estándares de belleza y éxito pueden afectar profundamente su bienestar emocional y su sentido de autoestima. En este capítulo, explicaremos cómo abordar estos desafíos y desarrollar una mentalidad saludable en un mundo digitalmente conectado. Aprenderemos a ser conscientes de la búsqueda de aprobación en las redes sociales, a enfocarnos en nuestra autenticidad y crecimiento personal, y a cultivar relaciones significativas fuera de la pantalla. A través de consejos prácticos y actividades, descubriremos cómo construir una sólida autoestima basada en nuestro propio valor intrínseco y encontrar el equilibrio entre la vida en línea y la vida real. Es hora de navegar por las presiones sociales en el mundo digital con confianza y autenticidad.

"La belleza comienza en el momento en que decides ser tú misma" - Coco Chanel, diseñadora de moda francesa. Esta frase es atribuida a Coco Chanel, quien revolucionó la moda femenina en el siglo XX.

Conciencia de la búsqueda de aprobación en redes sociales:

Las redes sociales pueden generar la necesidad de obtener aprobación y validación externa. Es importante ser conscientes de esta dinámica y aprender a valorar nuestro propio sentido de autoestima. Reflexiona sobre cómo te sientes cuando recibes likes, comentarios o seguidores en redes sociales. Observa si tu estado de ánimo o tu autoestima dependen de estas interacciones y cómo eso puede afectar tu bienestar general. Realiza una pausa antes de publicar algo en redes sociales y pregúntate: "¿Publico esto para obtener aprobación o porque realmente quiero compartirlo?" Observa cómo te sientes y cómo podría afectar tu sentido de autoestima.

Enfocarse en la autenticidad y el crecimiento personal:

En lugar de compararnos constantemente con los demás en las redes sociales, es importante centrarnos en nuestro propio crecimiento, metas y valores. Define tus propias metas y valores, y trabaja en desarrollar tus habilidades y pasiones. Enfócate en el progreso personal en lugar de buscar la validación externa o compararte constantemente con otros. Haz una lista de tus fortalezas, intereses y metas personales. Elige un área en la que te gustaría crecer y desarrollarte, y establece un plan de acción con pasos concretos para lograrlo.

Cultivar relaciones significativas fuera de las redes sociales:

Las relaciones en línea pueden ser valiosas, pero también es importante tener conexiones significativas y auténticas en el mundo real. Dedica tiempo y esfuerzo en construir y mantener relaciones offline. Participa en actividades grupales, únete a clubes o grupos de interés, y busca oportunidades para interactuar y conectarte en persona con otras personas. Planifica un encuentro o actividad con amigos o seres queridos en el mundo real. Puede ser una salida al aire libre, una cena, una tarde de juegos o cualquier otra actividad que te permita disfrutar de la compañía y la interacción cara a cara.

Practicar el autocuidado y la aceptación personal:

El autocuidado y la aceptación personal son fundamentales para contrarrestar las presiones sociales y fortalecer nuestra autoestima en un entorno digital lleno de comparaciones y estándares inalcanzables. Identifica actividades que te brinden alegría, tranquilidad y bienestar. Puede ser hacer ejercicio, leer, practicar un hobby o pasar tiempo al aire libre. Dedica tiempo regularmente para cuidar de ti mismo y aceptarte tal como eres. Crea una lista de actividades de autocuidado que te ayuden a relajarte y a conectar contigo mismo. Establece un horario semanal dedicado a estas actividades y comprométete a cumplirlo.

Limitar la exposición a contenidos tóxicos:

La influencia negativa de los estándares de belleza y éxito en las redes sociales puede afectar nuestra autoestima y bienestar emocional. Es importante ser selectivos con los contenidos que consumimos y limitar la exposición a aquellos que nos generan inseguridades o malestar. Revisa las cuentas y perfiles que sigues en las redes sociales y analiza cómo te hacen sentir. Elimina o deja de seguir aquellos que promueven estándares poco realistas o que afectan negativamente tu autoestima. En su lugar, busca cuentas que promuevan mensajes positivos y autenticidad. Realiza una "limpieza" de tus redes sociales. Dedica tiempo a revisar las cuentas que sigues y evalúa si te inspiran, motivan y promueven una imagen corporal saludable. Realiza los ajustes necesarios para crear un entorno en línea más positivo y constructivo.

Fomentar la aceptación y el apoyo mutuo:

Construir una comunidad de apoyo y promover la aceptación mutua puede contrarrestar las presiones sociales y fomentar una cultura en línea más positiva y respetuosa. Comparte mensajes de apoyo y aliento con tus amigos en las redes sociales. Celebra sus logros y muestra empatía hacia sus desafíos. Promueve un ambiente de aceptación y respeto, evitando comentarios negativos o de comparación. Participa en iniciativas o movimientos en línea que promuevan la aceptación corporal, la diversidad y el amor propio. Comparte mensajes positivos y únete a conversaciones que inspiren y empoderen a los demás.

Desarrollar una mentalidad de gratitud y enfoque interno:

Practicar la gratitud y cultivar un enfoque interno nos ayuda a valorar nuestras propias fortalezas y logros, en lugar de compararnos constantemente con los demás. Cada día, toma un momento para reflexionar sobre tres cosas por las que estás agradecido en tu vida. Estas pueden ser cualidades personales, experiencias gratificantes o personas significativas en tu vida. Mantén un diario de gratitud donde puedas escribir regularmente sobre las cosas positivas en tu vida. Además, haz una lista de tus propias fortalezas y logros, y revísala cuando necesites recordar tu valía individual.

Buscar apoyo y hablar sobre nuestras inseguridades:

Es fundamental buscar apoyo en personas de confianza y expresar nuestras inseguridades. El diálogo abierto puede ayudarnos a obtener perspectivas diferentes y a desarrollar una mayor comprensión de nosotros mismos. Identifica a personas cercanas con las que te sientas cómodo hablando sobre tus inseguridades relacionadas con las presiones sociales. Puede ser un amigo, un familiar o un mentor. Comparte tus experiencias y escucha sus perspectivas y consejos. Programa una conversación abierta con alguien de confianza sobre tus inseguridades y cómo te afectan las presiones sociales. Escucha atentamente y considera cómo puedes aplicar los consejos recibidos en tu vida diaria.

Relatos Auténticos de Vidas Extraordinarias

Lizzie Velásquez es una inspiradora joven estadounidense que ha enfrentado y superado intensas presiones sociales y desafíos relacionados con su autoestima. Nació con un raro síndrome que afecta su apariencia física y su capacidad de aumentar de peso. Debido a su condición, Lizzie ha sido objeto de burlas y acoso durante gran parte de su vida.

En lugar de dejarse afectar por las presiones sociales negativas, Lizzie decidió convertir su experiencia en una plataforma para el cambio y la superación. Se convirtió en una conferencista motivacional y activista contra el bullying, compartiendo su historia de resiliencia y amor propio con jóvenes de todo el mundo.

A través de sus charlas y testimonios, Lizzie promueve la importancia de construir una autoestima saludable y resistir las presiones sociales negativas. Ella anima a los jóvenes a aceptarse a sí mismos tal como son y a no dejarse definir por los estándares de belleza o las expectativas de los demás.

La historia de vida de Lizzie Velásquez es un poderoso recordatorio de la fuerza interior y la autoaceptación necesarias para enfrentar las presiones sociales y construir una sólida autoestima.

Fuente: "Lizzie Velásquez: De víctima de bullying a activista y motivadora".

ESCOLLO DE LA DIVERSIDAD Y LA INCLUSIÓN.

Mujeres - Escollo de la Diversidad y la Inclusión: Ampliamos el enfoque original sobre las relaciones con las mujeres para abordar el tema más amplio de la diversidad y la inclusión. Esto implica superar los prejuicios y estereotipos de género, promover la igualdad y el respeto hacia todas las personas, independientemente de su género u orientación sexual.

En un mundo cada vez más interconectado, la diversidad y la inclusión se convierten en un desafío importante para los jóvenes. A medida que las sociedades se vuelven más diversas en términos de culturas, etnias, religiones y orientaciones sexuales, es crucial promover el respeto, la tolerancia y la aceptación mutua. Este capítulo se centra en el escollo de la diversidad y la inclusión, explorando cómo los jóvenes pueden abrazar y celebrar la diversidad, superar prejuicios y construir una sociedad inclusiva. A través de consejos prácticos, actividades de sensibilización y promoción de la igualdad, descubriremos cómo cada uno de nosotros puede marcar la diferencia y construir un mundo más inclusivo y respetuoso.

"Nuestra diversidad es nuestra fortaleza colectiva" - Desmond Tutu, arzobispo y activista sudafricano por los derechos humanos. Esta frase fue expresada en varias ocasiones durante su lucha contra el apartheid en Sudáfrica.

Educarse sobre la diversidad:

Para promover la diversidad y la inclusión, es fundamental educarse y comprender las diferentes culturas, experiencias y perspectivas que existen en el mundo. Lee libros, artículos y mira documentales que aborden temas de diversidad y discriminación. Participa en charlas, talleres o cursos que promuevan el conocimiento y la comprensión de diferentes culturas y grupos subrepresentados. Elabora una lista de recursos educativos sobre diversidad qué te gustaría explorar. Dedica tiempo regularmente para aprender sobre diferentes culturas, tradiciones y experiencias.

Desafiar los estereotipos y prejuicios:

Los estereotipos y prejuicios son barreras para la diversidad y la inclusión. Es importante cuestionar y desafiar los estereotipos que tenemos sobre otros grupos, y fomentar una mentalidad abierta y libre de prejuicios. Reflexiona sobre los estereotipos que puedes tener y pregúntate si se basan en experiencias personales o en generalizaciones injustas. Cuestiona tus propios prejuicios y desafíalos buscando información precisa y estableciendo contacto directo con personas de diferentes orígenes. Participa en actividades que te expongan a diferentes culturas y perspectivas. Esto puede incluir asistir a eventos culturales, unirse a grupos o clubes inclusivos, o participar en programas de intercambio cultural.

Practicar la empatía y el respeto:

La empatía y el respeto son fundamentales para construir relaciones inclusivas y respetuosas. Es importante ponerse en el lugar de los demás, escuchar y mostrar consideración por las experiencias y perspectivas de los demás. Practica escuchar activamente a las personas que piensan de manera diferente a ti. Trata de comprender sus puntos de vista y mostrar respeto incluso cuando no estés de acuerdo. Evita el lenguaje ofensivo o derogatorio y trata a todos con dignidad y respeto. Participa en actividades de servicio comunitario o voluntariado que te permitan interactuar y trabajar junto a personas de diferentes trasfondos. Esto te ayudará a desarrollar empatía y comprensión hacia las experiencias de los demás.

Promover la igualdad de oportunidades:

Para construir una sociedad inclusiva, es importante abogar por la igualdad de oportunidades para todas las personas, independientemente de su origen étnico, género, orientación sexual o religión. Participa en campañas o iniciativas que promuevan la igualdad de oportunidades. Puedes unirte a organizaciones que trabajen en la defensa de los derechos de grupos marginados, participar en protestas pacíficas o crear conciencia a través de las redes sociales. Identifica una cuestión de desigualdad o discriminación en tu comunidad y desarrolla un proyecto para abordarla. Esto puede incluir la organización de eventos de sensibilización, la recopilación de firmas para una petición o la creación de materiales educativos.

Fomentar el diálogo intercultural:

El diálogo intercultural es esencial para fomentar la comprensión y el respeto mutuo entre personas de diferentes culturas y trasfondos. Organiza actividades de intercambio cultural donde los jóvenes de diferentes comunidades puedan reunirse, compartir sus experiencias y aprender unos de otros. Esto puede incluir cenas multiculturales, sesiones de intercambio de historias o programas de mentoría intercultural. Forma parte de un grupo de discusión o debate que se centre en temas de diversidad y multiculturalidad. Participa activamente, comparte tus perspectivas y escucha las opiniones de los demás con apertura y respeto.

Ser un aliado y defensor:

Ser un aliado implica apoyar y defender a las personas que son marginadas o discriminadas. Es importante utilizar tu voz y privilegios para abogar por la igualdad y el respeto. Educate sobre los problemas y desafíos que enfrentan diferentes grupos marginados. Participa en eventos de concientización, comparte información relevante en tus redes sociales y defiende los derechos de los demás cuando veas situaciones de discriminación.

Realiza acciones concretas para ser un aliado. Esto puede incluir intervenir en situaciones de discriminación, educar a otros sobre temas de diversidad e inclusión, o apoyar organizaciones y proyectos que trabajen por la igualdad.

Crear espacios seguros y acogedores:

Es importante crear entornos seguros y acogedores donde todas las personas se sientan bienvenidas y respetadas. Esto implica fomentar la inclusión en diferentes contextos, como escuelas, comunidades y grupos sociales. Trabaja en conjunto con tus compañeros, profesores o líderes comunitarios para establecer políticas y prácticas que promuevan la inclusión y combatan la discriminación. Organiza eventos y actividades que celebren la diversidad y proporcionen un ambiente seguro para todos. Identifica un espacio en tu comunidad que necesite mejorar en términos de inclusión y crea un plan para transformarlo en un lugar más acogedor. Puedes involucrar a otros jóvenes y trabajar en equipo para implementar cambios positivos.

Relatos Auténticos de Vidas Extraordinarias

Muniba Mazari es una reconocida activista y oradora motivacional de Pakistán. A los 21 años, sufrió un grave accidente automovilístico que la dejó parapléjica y cambió por completo el curso de su vida. A pesar de las dificultades, Muniba se convirtió en un símbolo de fuerza y superación.

A través de sus discursos y charlas motivacionales, Muniba promueve la diversidad y la inclusión, alentando a las personas a aceptar y celebrar sus diferencias. Comparte su historia personal de lucha y resiliencia, y enfatiza la importancia de aceptarse a uno mismo y a los demás, sin importar la raza, religión, género o discapacidad.

Muniba Mazari ha utilizado su plataforma para abogar por los derechos de las personas con discapacidad y promover la inclusión en la sociedad. Ha sido reconocida internacionalmente por su valentía y determinación, y se ha convertido en un modelo a seguir para jóvenes de todo el mundo que buscan superar obstáculos y alcanzar sus metas.

La historia de vida de Muniba Mazari es un testimonio inspirador de cómo la diversidad y la inclusión pueden ser celebradas y utilizadas como fuerzas para el cambio positivo en la sociedad.

*Fuente: "Muniba Mazari: Redefiniendo la
belleza, la fuerza y la inclusión"*

ESCOLLO DEL EQUILIBRIO ENTRE GÉNEROS.

Hoy en día, el equilibrio entre géneros sigue siendo un desafío importante. A pesar de los avances en la igualdad de género, todavía existen barreras y desigualdades que afectan a las personas en su vida personal, educativa y profesional. Este capítulo se enfoca en abordar las cuestiones relacionadas con el género y promover la igualdad y el respeto entre todas las personas.

"No se nace mujer: se llega a serlo" - Simone de Beauvoir, filósofa y escritora francesa. Esta frase es parte de su obra "El segundo sexo" (1949), en la cual analiza la construcción social de la identidad femenina.

Desafiar los roles de género:

Los roles de género tradicionales pueden limitar las oportunidades y perpetuar estereotipos. Es importante desafiar y cuestionar estos roles para promover una sociedad más equitativa y justa. Cuestiona los estereotipos de género en tu entorno y fomenta una mentalidad abierta y libre de prejuicios. Apoya y alienta a las personas a perseguir sus intereses y metas, independientemente de las expectativas tradicionales de género. Organiza debates o charlas en tu comunidad para discutir los roles de género y su impacto en la sociedad. Invita a expertos en estudios de género o líderes comunitarios para enriquecer la discusión y promover una comprensión más amplia.

Fomentar la educación y la conciencia sobre igualdad de género:

La educación y la conciencia son fundamentales para abordar el desequilibrio de género. Es importante promover la igualdad de género desde una edad temprana y proporcionar recursos educativos sobre el tema. Participa en campañas de sensibilización sobre igualdad de género. Comparte información relevante sobre los derechos de las mujeres, la violencia de género y otras cuestiones relacionadas. Participa en talleres o programas que promuevan la educación sobre igualdad de género. Organiza sesiones educativas en tu comunidad, escuela o grupo de jóvenes para abordar la igualdad de género. Puedes invitar a oradores, realizar presentaciones o desarrollar actividades interactivas que fomenten la comprensión y el respeto.

Apoyar la participación equitativa en todos los ámbitos:

Es importante promover la participación equitativa de todas las personas en diferentes ámbitos, como la educación, el trabajo y la toma de decisiones. Esto implica garantizar la igualdad de oportunidades y eliminar las barreras que enfrentan ciertos géneros. Aboga por políticas y prácticas inclusivas en tu escuela, trabajo o comunidad que fomenten la participación equitativa. Apoya a las personas de todos los géneros en la búsqueda de oportunidades y promueve la diversidad en la representación y liderazgo. Organiza eventos o programas que destaquen la importancia de la participación equitativa. Puedes organizar paneles de discusión, mentorías o ferias de carreras que muestren diferentes opciones y oportunidades para todas las personas, independientemente de su género.

Promover la igualdad salarial y la equidad laboral:

La brecha salarial y la falta de equidad en el ámbito laboral son desafíos significativos en la búsqueda del equilibrio entre géneros. Es importante promover la igualdad salarial y garantizar igualdad de oportunidades en el acceso y avance profesional. Investigar y conocer las estadísticas y cifras relacionadas con la brecha salarial de género en tu país o región. Participa en campañas que aboguen por la igualdad salarial y promuevan la transparencia en las políticas salariales. Apoya y defiende los derechos laborales de las mujeres y otras personas que enfrentan discriminación de género. Organiza talleres o charlas sobre igualdad salarial y equidad laboral en tu comunidad o escuela. Invita a expertos en el tema y brinda información práctica sobre cómo negociar salarios, conocer tus derechos laborales y promover la igualdad de oportunidades en el trabajo.

Desarrollar habilidades de liderazgo inclusivo:

Fomentar el liderazgo inclusivo es fundamental para garantizar que todas las voces sean escuchadas y valoradas en los diferentes ámbitos. Es importante desarrollar habilidades de liderazgo que promuevan la igualdad de género y la diversidad. Participa en programas de desarrollo de liderazgo que promuevan la diversidad y la inclusión. Busca oportunidades para liderar proyectos o iniciativas que aborden cuestiones de género y promuevan la igualdad de oportunidades. Apoya y alienta a otras personas a asumir roles de liderazgo, especialmente aquellas que históricamente han enfrentado barreras debido a su género. Organiza talleres o actividades de desarrollo de liderazgo inclusivo en tu comunidad o grupo de jóvenes. Proporciona herramientas y estrategias prácticas para desarrollar habilidades de liderazgo que promuevan la igualdad de género y la inclusión.

Fomentar la participación y la representación en la toma de decisiones:

Es fundamental que todas las personas tengan la oportunidad de participar y ser representadas en la toma de decisiones que afectan sus vidas. Promover la participación y la representación equitativa es clave para lograr el equilibrio entre géneros. Involúcrate en actividades y organizaciones que promuevan la participación política y comunitaria de las mujeres y otros grupos subrepresentados. Apoya y vota por líderes que defiendan la igualdad de género y promuevan políticas inclusivas. Anima a otras personas a ejercer su derecho al voto y a participar en la toma de decisiones en su comunidad. Organiza eventos o paneles de discusión sobre participación y representación de género en la política y la comunidad. Invita a líderes y expertos en el tema para compartir sus experiencias y brindar orientación sobre cómo involucrarse activamente en la toma de decisiones.

Relatos Auténticos de Vidas Extraordinarias

Emma Watson es una reconocida actriz británica, famosa por su papel como Hermione Granger en la serie de películas de "Harry Potter". Sin embargo, más allá de su carrera en la actuación, Emma ha utilizado su plataforma para abogar por la igualdad de género y los derechos de las mujeres.

En 2014, Emma fue nombrada Embajadora de Buena Voluntad de ONU Mujeres y lanzó la campaña "HeForShe" durante un discurso en la sede de las Naciones Unidas. Con esta campaña, invitó a hombres y mujeres de todo el mundo a unirse en la lucha por la igualdad de género, reconociendo que la lucha por la igualdad no es solo responsabilidad de las mujeres, sino un objetivo compartido por toda la sociedad.

Emma ha abogado por la educación de las niñas, la participación de las mujeres en la política y la eliminación de la discriminación y la violencia de género. Ha trabajado en estrecha colaboración con organizaciones como ONU Mujeres y la campaña Time's Up, y ha utilizado su influencia para generar conciencia y promover cambios en la sociedad.

A través de sus discursos y acciones, Emma Watson ha demostrado un compromiso genuino con la promoción de la igualdad de género. Su historia de vida es un ejemplo inspirador de cómo una persona con influencia en los medios puede utilizar su posición para luchar por los derechos de las mujeres y promover un mayor equilibrio entre géneros en todos los ámbitos de la sociedad.

Fuente: Discursos públicos y entrevistas de Emma Watson.

ESCOLLO DEL CAMBIO CLIMÁTICO Y LA SOSTENIBILIDAD

Irreligión - Escollo del Cambio Climático y la Sostenibilidad: En lugar de enfocarnos únicamente en la irreligión, hemos relacionado este escollo con la conciencia ambiental y la sostenibilidad. Exploramos los desafíos del cambio climático, la importancia de cuidar nuestro entorno natural y promover prácticas sostenibles para proteger el planeta.

El cambio climático y la sostenibilidad son temas urgentes y cruciales en la sociedad actual. El impacto de las acciones humanas en el medio ambiente ha llevado a desequilibrios ecológicos y amenaza la vida en nuestro planeta. Este capítulo se centra en comprender los desafíos del cambio climático y cómo cada individuo puede contribuir a la sostenibilidad y la preservación del medio ambiente.

"No heredamos la tierra de nuestros antepasados, la tomamos prestada de nuestros hijos" - Antoine de Saint-Exupéry, escritor y aviador francés. Esta frase es atribuida a Saint-Exupéry, autor de "El principito".

Conciencia sobre el cambio climático:

Es esencial comprender los conceptos y las consecuencias del cambio climático para tomar medidas efectivas. La conciencia sobre este problema global ayuda a motivar cambios en el comportamiento y a buscar soluciones sostenibles. Investiga y familiarízate con los conceptos clave del cambio climático, como el calentamiento global, las emisiones de gases de efecto invernadero y la degradación del medio ambiente. Sigue fuentes confiables de información científica y participa en charlas o eventos relacionados con el cambio climático. Organiza proyecciones de documentales o películas sobre el cambio climático en tu comunidad y organiza debates o discusiones posteriores para aumentar la conciencia y la comprensión del tema.

Reducción de la huella de carbono:

La huella de carbono se refiere a la cantidad de emisiones de gases de efecto invernadero que se generan como resultado de nuestras actividades diarias. Reducir nuestra huella de carbono es esencial para mitigar el cambio climático. Adopta hábitos más sostenibles, como el uso de transporte público, la reducción del consumo de energía en el hogar y la elección de alimentos de origen local y con bajo impacto ambiental. Reduce, reutiliza y recicla para minimizar el desperdicio y opta por productos sostenibles y de comercio justo. Organiza un desafío comunitario para reducir la huella de carbono, donde los participantes se comprometan a implementar acciones sostenibles en sus vidas diarias. Puedes realizar un seguimiento del progreso y premiar los logros individuales y colectivos.

Promoción de la sostenibilidad en la comunidad:

La sostenibilidad es un esfuerzo colectivo que involucra a toda la comunidad. Promover prácticas sostenibles y fomentar el uso responsable de los recursos naturales es fundamental para proteger nuestro entorno. Participa en proyectos comunitarios de reforestación, limpieza de espacios naturales o iniciativas de conservación. Involucra a tu comunidad en la creación de huertos urbanos, la instalación de sistemas de energía renovable o la promoción del transporte sostenible. Organiza talleres o charlas en tu comunidad para compartir conocimientos sobre prácticas sostenibles, como el compostaje, la agricultura urbana o la eficiencia energética. Fomenta la colaboración y la participación activa de todos los miembros de la comunidad.

Educación y sensibilización:

La educación desempeña un papel fundamental en la conciencia y comprensión del cambio climático y la sostenibilidad. Sensibilizar a otros sobre la importancia de estos temas puede generar un mayor impacto y motivar a más personas a tomar medidas. Organiza charlas, talleres o campañas de sensibilización en escuelas, universidades o comunidades locales. Utiliza material educativo visualmente atractivo y accesible para explicar los conceptos clave del cambio climático y la sostenibilidad. Fomenta la participación activa de los asistentes y promueve la discusión y el intercambio de ideas. Crea un grupo de estudio o club de sostenibilidad donde los participantes puedan compartir conocimientos, investigar proyectos ecológicos y discutir soluciones innovadoras para abordar el cambio climático. Realiza actividades prácticas, como salidas de campo o proyectos de investigación, para fortalecer la comprensión y la conexión con la naturaleza.

Promoción de políticas sostenibles:

Las políticas y decisiones a nivel gubernamental y empresarial desempeñan un papel crucial en la mitigación del cambio climático y la promoción de la sostenibilidad. Alentar y abogar por políticas sostenibles puede generar un impacto significativo en la protección del medio ambiente. Participa en campañas de defensa del medio ambiente y firma peticiones relacionadas con la adopción de políticas sostenibles. Comunícate con tus representantes políticos para expresar tu preocupación y solicitar acciones concretas para abordar el cambio climático. Apoya empresas y marcas que tengan prácticas sostenibles y sean responsables con el medio ambiente. Organiza debates o mesas redondas con líderes políticos, expertos en medio ambiente y representantes de la sociedad civil para discutir la importancia de las políticas sostenibles. Identifica áreas de mejora y desarrolla propuestas concretas que puedan presentarse a los responsables de la toma de decisiones.

Acciones individuales y colectivas:

Cada acción individual cuenta y puede marcar la diferencia en la lucha contra el cambio climático y la promoción de la sostenibilidad. Además, el trabajo en equipo y la colaboración colectiva pueden generar un mayor impacto en la protección del medio ambiente. Adopta hábitos sostenibles en tu vida diaria, como reducir el consumo de agua y energía, usar transporte público o bicicleta, y apoyar la producción local y orgánica. Únete a organizaciones o grupos comunitarios que trabajen en proyectos de sostenibilidad y participa activamente en acciones colectivas, como limpiezas de playas o parques. Organiza una jornada de voluntariado ambiental en tu comunidad, donde los participantes puedan realizar actividades prácticas, como plantar árboles, limpiar espacios naturales o construir jardines comunitarios. Invita a expertos en sostenibilidad para brindar talleres y capacitaciones sobre acciones individuales y colectivas.

Relatos Auténticos de Vidas Extraordinarias

Greta Thunberg, una joven activista climática sueca, se ha convertido en un símbolo mundial de la lucha contra el cambio climático. A la edad de 15 años, en agosto de 2018, decidió faltar a la escuela y protestar fuera del Parlamento sueco para exigir acciones más contundentes contra el calentamiento global.

Su protesta, que llevaba el nombre de "Fridays for Future" (Viernes por el Futuro), se hizo viral en las redes sociales y rápidamente atrajo la atención de jóvenes de todo el mundo. Greta comenzó a organizar huelgas escolares semanales, instando a los estudiantes a unirse a ella y exigir medidas urgentes para reducir las emisiones de carbono y frenar el cambio climático.

El discurso de Greta en la Cumbre de Acción Climática de las Naciones Unidas en 2019 capturó la atención mundial y se convirtió en un punto de inflexión en el movimiento climático juvenil. Su voz clara y contundente resonó en los corazones de millones de personas, y se convirtió en un llamado a la acción para los líderes mundiales.

A lo largo de los años, Greta ha seguido luchando por la sostenibilidad y ha utilizado su plataforma para abogar por cambios significativos en las políticas climáticas a nivel mundial. Ha participado en numerosas conferencias internacionales, ha sido reconocida con premios y ha inspirado a una generación de jóvenes a levantarse y exigir un futuro sostenible.

La historia de Greta Thunberg destaca el poder de la voz y la acción de los jóvenes en la lucha contra el cambio climático. Su determinación, valentía y capacidad para movilizar a las masas han llevado el tema del cambio climático al centro de la agenda mundial. Su mensaje es claro: no importa la edad, todos tenemos el poder de marcar la diferencia y exigir un futuro sostenible para las generaciones venideras.

Fuente: Discursos y entrevistas públicas de Greta Thunberg.

ESCOLLO DEL LIDERAZGO Y LA AUTORREALIZACIÓN

Charlatanes y presuntuosos - Escollo del Liderazgo y la Autorrealización: Aunque el término "charlatanes y presuntuosos" se originó en el contexto de la época de Baden-Powell, podemos relacionarlo con el escollo del liderazgo y la autorrealización en el siglo XXI. Abordamos la importancia de desarrollar habilidades de liderazgo auténtico, evitando actitudes arrogantes y promoviendo la humildad y el servicio a los demás.

El liderazgo y la autorrealización son aspectos fundamentales en el desarrollo personal y el éxito en la sociedad actual. En este capítulo, nos adentraremos en la importancia de cultivar habilidades de liderazgo, descubrir nuestra verdadera pasión y encontrar el propósito en la vida. Aprenderemos cómo superar los obstáculos que surgen en el camino hacia la autorrealización y cómo ejercer un liderazgo positivo en todas las áreas de nuestra vida.

"Un líder es aquel que conoce el camino, camina el camino y muestra el camino" - John C. Maxwell, autor y conferencista estadounidense especializado en liderazgo. Esta frase se encuentra en varios de sus libros y discursos.

Autoconocimiento y autenticidad:

El liderazgo comienza con el conocimiento de uno mismo y la autenticidad en la forma en que nos relacionamos con los demás. Para lograr la autorrealización, es esencial comprender nuestras fortalezas, valores y pasiones, y alinear nuestras acciones con ellos. Dedica tiempo a reflexionar sobre tus intereses, talentos y

43

valores. Realiza actividades que te permitan explorar y descubrir tus verdaderas pasiones. Sé auténtico en tus interacciones, mostrando tu verdadero yo y expresando tus ideas y opiniones con confianza. Realiza un diario de autoexploración en el que registres tus pensamientos, emociones y descubrimientos personales. Establece metas y objetivos que estén alineados con tus valores y pasiones, y trabaja para alcanzarlos paso a paso.

Desarrollo de habilidades de liderazgo:

El liderazgo no se limita a un título o posición específica, sino que se basa en la capacidad de influir positivamente en los demás y guiarlos hacia un objetivo común. Desarrollar habilidades de liderazgo es fundamental para alcanzar la autorrealización y tener un impacto positivo en la sociedad. Participa en actividades de liderazgo, como proyectos grupales, organización de eventos o voluntariado en tu comunidad. Aprende a comunicarte eficazmente, a inspirar y motivar a los demás, a delegar tareas y a resolver problemas de manera colaborativa. Forma o únete a un grupo de liderazgo en tu escuela, universidad o comunidad. Trabajen juntos en proyectos que involucren la toma de decisiones, la gestión de equipos y la resolución de conflictos. Reflexiona sobre tus experiencias de liderazgo y busca áreas de mejora continua.

Superación de obstáculos y adversidades:

En el camino hacia la autorrealización y el liderazgo, es probable que te encuentres con obstáculos y adversidades. Superarlos requiere resiliencia, perseverancia y la capacidad de aprender y crecer a partir de las experiencias difíciles. Enfrenta los desafíos con una mentalidad positiva y busca soluciones creativas. Aprende de tus fracasos y utiliza esas lecciones como oportunidades de crecimiento. Busca apoyo en personas de confianza, mentores o grupos de apoyo que te ayuden a superar las adversidades. Realiza una lista de los obstáculos o miedos que te impiden alcanzar la autorrealización y ejercer un liderazgo efectivo. Desarrolla estrategias para enfrentarlos y vencerlos. Establece metas y plazos para superar cada obstáculo, y evalúa tu progreso a lo largo del tiempo.

Desarrollo de habilidades de comunicación:

La comunicación efectiva es clave para el liderazgo y la autorrealización. Aprender a expresar tus ideas con claridad, escuchar activamente a los demás y construir relaciones sólidas te ayudará a influir positivamente en tu entorno y alcanzar tus metas. Practica la escucha activa al mantener contacto visual, hacer preguntas relevantes y mostrar interés genuino en los demás. Mejora tus habilidades de expresión verbal y no verbal, como el tono de voz, el lenguaje corporal y la expresión facial. Utiliza técnicas de comunicación asertiva para expresar tus opiniones de manera clara y respetuosa. Participa en talleres de comunicación o debates, donde puedas practicar tus habilidades de expresión y escucha activa. Realiza ejercicios de role-playing para simular situaciones de liderazgo y practicar diferentes estilos de comunicación.

Desarrollo de inteligencia emocional:

La inteligencia emocional es fundamental para el liderazgo y la autorrealización. Comprender y gestionar tus propias emociones, así como tener empatía y comprensión hacia los demás, te ayudará a establecer relaciones sólidas y a tomar decisiones informadas. Practica la autorreflexión y el autocontrol emocional.

Identifica tus emociones y busca formas saludables de expresarlas y gestionarlas. Desarrolla la empatía al ponerse en el lugar de los demás y tratar de comprender sus perspectivas y necesidades. Realiza ejercicios de mindfulness y técnicas de relajación para aumentar tu conciencia emocional y reducir el estrés. Participa en actividades de servicio a la comunidad para desarrollar tu empatía y compasión hacia los demás.

Fomento del liderazgo en otros:

El liderazgo no solo se trata de ejercerlo personalmente, sino también de fomentarlo en los demás. Ayudar a otros a descubrir su potencial de liderazgo y brindarles apoyo y mentoría puede generar un impacto positivo y contribuir a su autorrealización. Identifica el potencial de liderazgo en las personas que te rodean y bríndales oportunidades para desarrollarlo. Ofrece apoyo, orientación y retroalimentación constructiva a aquellos que están interesados en crecer como líderes. Fomenta un ambiente colaborativo y de trabajo en equipo donde todos tengan la oportunidad de liderar. Organiza sesiones de mentoría o liderazgo para compartir tus conocimientos y experiencias con otros. Establece un programa de tutoría donde puedas guiar a alguien en su viaje de liderazgo y autorrealización.

Recuerda que el liderazgo y la autorrealización son procesos continuos de crecimiento y desarrollo. Dedica tiempo y esfuerzo para fortalecer estas habilidades en ti mismo y en los demás. Al hacerlo, podrás marcar una diferencia positiva en tu vida y en la de los demás, llevando a cabo cambios significativos en tu entorno y alcanzando tus metas personales y profesionales.

Relatos Auténticos de Vidas Extraordinarias

Malala Yousafzai es una activista paquistaní de derechos humanos y la persona más joven en recibir el Premio Nobel de la Paz. Nació el 12 de julio de 1997 en Mingora, Pakistán. Desde temprana edad, Malala mostró un gran interés por la educación y los derechos de las niñas.

A los 11 años, comenzó a escribir un blog anónimo para la BBC en el que compartía sus experiencias bajo el régimen talibán y su lucha por el derecho a la educación de las niñas. Malala defendió valientemente su derecho a recibir una educación, incluso cuando los talibanes prohibieron la asistencia de las niñas a la escuela en su región.

En octubre de 2012, a los 15 años, Malala fue víctima de un ataque perpetrado por los talibanes. Fue tiroteada en la cabeza mientras regresaba de la escuela. Aunque gravemente herida, sobrevivió al ataque y se convirtió en un símbolo internacional de la lucha por la educación y los derechos de las mujeres.

Después del ataque, Malala continuó su activismo y se convirtió en una defensora global de la educación de las niñas. Fundó la Fundación Malala, que trabaja para garantizar que todas las niñas tengan acceso a una educación de calidad en todo el mundo. Su valentía y determinación la llevaron a ser reconocida y admirada a nivel mundial, y se ha convertido en un modelo a seguir para los jóvenes que desean hacer cambios positivos en el mundo a través del liderazgo y la defensa de los derechos humanos.

Fuente:BBC. (2021, 12 de julio). Malala Yousafzai: Pakistan's Nobel Peace Prize winner. BBC News.

ESCOLLO DEL BIENESTAR MENTAL

Vino - Escollo del Bienestar Mental: Aunque el vino en sí mismo no es un problema central en la sociedad actual, hemos relacionado este escollo con el bienestar mental. Enfocamos en la importancia de mantener un equilibrio emocional y mental, evitando el consumo excesivo de sustancias, así como promoviendo prácticas saludables de cuidado personal y manejo del estrés.

El bienestar mental es un aspecto fundamental para el desarrollo y la calidad de vida en la sociedad actual. En este capítulo, nos adentraremos en la importancia de cuidar nuestra salud mental y cómo enfrentar los desafíos que surgen en el camino hacia el equilibrio emocional y psicológico. Aprenderemos cómo gestionar el estrés, mantener una actitud positiva y buscar apoyo en momentos de dificultad.

"La paz viene de dentro. No la busques fuera" - Buda, líder espiritual y fundador del budismo. Esta frase es una enseñanza fundamental del budismo y ha sido transmitida a través de los siglos.

Autocuidado y autocompasión:

El autocuidado es esencial para mantener el bienestar mental. Implica dedicar tiempo y atención a nuestras necesidades físicas, emocionales y mentales. Además, la autocompasión nos permite tratarnos a nosotros mismos con amabilidad y comprensión, en lugar de ser demasiado críticos y autocríticos. Establece rutinas de autocuidado que incluyan actividades que te brinden alegría y calma, como practicar ejercicio regularmente, tener tiempo para relajarte, leer un libro, hacer actividades creativas o pasar tiempo con seres queridos. Cultiva la autocompasión al reconocer tus logros y aceptar tus imperfecciones. Crea un plan de autocuidado semanal que incluya actividades específicas que te ayuden a recargar energías y promover el bienestar. Practica afirmaciones positivas y gratitud diariamente para cultivar una mentalidad positiva.

Manejo del estrés y la ansiedad:

El estrés y la ansiedad son desafíos comunes en la vida actual. Aprender a manejarlos de manera efectiva es fundamental para mantener el equilibrio mental. Esto implica identificar las fuentes de estrés, desarrollar estrategias de afrontamiento saludables y buscar apoyo cuando sea necesario. Practica técnicas de relajación, como la respiración profunda, la meditación o el yoga, para reducir el estrés y promover la calma interior. Establece límites saludables en tu vida y aprende a delegar tareas cuando sea necesario. Busca apoyo de amigos, familiares o profesionales de la salud mental en momentos de alta ansiedad o estrés. Lleva un diario de estrés y ansiedad en el que registres los desencadenantes y las respuestas emocionales asociadas. Identifica patrones y busca estrategias específicas para manejar cada situación de estrés. Practica técnicas de relajación regularmente, incluso cuando no estés experimentando estrés agudo.

Conexión social y apoyo emocional:

La conexión social y el apoyo emocional son fundamentales para el bienestar mental. Sentirse conectado con los demás y tener un sistema de apoyo sólido puede ayudar a enfrentar los desafíos y proporcionar un sentido de pertenencia y aceptación. Cultiva relaciones significativas y saludables con amigos, familiares y miembros de la comunidad. Participa en actividades sociales y busca oportunidades para conectarte con otros. Comunica tus sentimientos y busca apoyo cuando lo necesites. Además, considera buscar el apoyo de profesionales de la salud mental si experimentas dificultades emocionales significativas. Planifica actividades sociales o voluntarios que te permitan conectarte con otras personas y brindar apoyo mutuo. Busca grupos de apoyo en línea o en tu comunidad donde puedas compartir tus experiencias y encontrar comprensión y apoyo emocional.

Establecimiento de límites saludables:

Establecer límites saludables es esencial para proteger tu bienestar mental. Esto implica aprender a decir "no" cuando sea necesario, establecer límites en tus relaciones y actividades, y priorizar tu propio cuidado y necesidades. Aprende a identificar tus límites personales y comunícalos de manera clara y respetuosa a los demás. Aprende a decir "no" cuando te sientas abrumado o cuando una solicitud o demanda no esté alineada con tus necesidades y prioridades. Establece límites en el uso de la tecnología y en el tiempo dedicado a las redes sociales para proteger tu bienestar mental. Haz una lista de tus límites personales y establece estrategias para comunicarlos de manera efectiva a los demás. Practica decir "no" a situaciones que no te sirven y pon límites claros en tu vida digital.

Cultivo de pensamientos positivos y autocuidado emocional:

Cultivar pensamientos positivos y practicar el autocuidado emocional es fundamental para mantener un estado de bienestar mental. Esto implica identificar y desafiar los pensamientos negativos, practicar la gratitud y el perdón, y cuidar de tus emociones de manera consciente. Desafía los pensamientos negativos y reemplázalos por afirmaciones positivas y realistas. Practica la gratitud diaria, enfocándote en las cosas buenas de tu vida. Aprende a perdonarte a ti mismo y a los demás, liberando cargas emocionales. Realiza actividades que te brinden alegría y satisfacción, como hobbies, ejercicio, tiempo al aire libre o momentos de relajación. Mantén un diario de gratitud donde registres tres cosas por las que te sientes agradecido cada día. Practica técnicas de relajación y autocuidado emocional, como la meditación, el baño relajante o la escritura de diarios emocionales.

Búsqueda de ayuda profesional:

Si enfrentas desafíos persistentes en tu bienestar mental, buscar ayuda profesional es un paso importante y valioso. Los profesionales de la salud mental pueden brindarte apoyo, orientación y herramientas específicas para abordar tus preocupaciones y promover tu bienestar mental. Si experimentas síntomas de ansiedad o depresión persistentes, dificultades en tus relaciones o cualquier otro problema que afecte tu bienestar mental, considera buscar un terapeuta o psicólogo capacitado. Ellos podrán trabajar contigo en el desarrollo de estrategias y técnicas específicas para abordar tus preocupaciones. Investiga y busca profesionales de la salud mental en tu área. Pide recomendaciones a amigos, familiares o tu médico de cabecera. Toma la iniciativa de hacer una cita y comenzar tu proceso de apoyo terapéutico.

Relatos Auténticos de Vidas Extraordinarias

Kevin Breel es un joven escritor y orador motivacional que ha compartido abiertamente su experiencia personal con la depresión y los desafíos de la salud mental. A una temprana edad, Kevin luchó en silencio con la depresión, sintiéndose atrapado en una batalla interna que lo llevó a considerar el suicidio.

Sin embargo, Kevin decidió hablar abiertamente sobre su experiencia, desafiando el estigma y brindando apoyo a otros jóvenes que también enfrentan problemas de salud mental. A través de sus charlas inspiradoras, Kevin ha promovido la importancia de buscar ayuda, compartir emociones y desterrar el estigma asociado con los trastornos mentales.

Su historia de vida resalta la importancia de cuidar y priorizar el bienestar mental, especialmente entre los jóvenes. Kevin Breel ha demostrado valentía al hablar sobre sus propias luchas y ha utilizado su experiencia para motivar a otros a buscar ayuda y buscar un equilibrio saludable en sus vidas.

Fuente: "Kevin Breel: Confessions of a depressed comic".

ESCOLLO DE LA RESPONSABILIDAD CÍVICA

Este escollo se refiere al desafío de fomentar la participación ciudadana y el compromiso con la sociedad. Implica la conciencia de los derechos y deberes cívicos, así como la importancia de contribuir al bienestar común y promover el cambio positivo en la comunidad.

La responsabilidad cívica desempeña un papel fundamental en el desarrollo de los jóvenes, ya que les permite ser ciudadanos activos, comprometidos y conscientes de su rol en la sociedad. Los jóvenes son el futuro de la sociedad y su participación activa en asuntos cívicos contribuye a la construcción de una comunidad más justa, equitativa y sostenible. Al asumir responsabilidades cívicas, como votar, participar en proyectos de voluntariado o involucrarse en actividades comunitarias, los jóvenes pueden marcar la diferencia y promover cambios positivos en su entorno.

"La libertad no es la ausencia de responsabilidad, sino la capacidad de responder a ella." - A. R. Bernard (Pastor y autor).

Participación en proyectos de voluntariado:

La participación en proyectos de voluntariado implica dedicar tiempo y esfuerzo de forma desinteresada para ayudar a personas, comunidades o causas sociales. Es una oportunidad para contribuir de manera positiva y significativa a la sociedad. Un ejemplo de proyecto de voluntariado podría ser trabajar en un comedor comunitario para servir comidas a personas sin hogar o participar en un programa de tutoría para ayudar a estudiantes con dificultades académicas. Buscar oportunidades de voluntariado en organizaciones locales, ponerse en contacto con grupos comunitarios o instituciones sin fines de lucro, y dedicar tiempo regularmente para participar en actividades de voluntariado.

Involucramiento en actividades de gobierno estudiantil:

El involucramiento en actividades de gobierno estudiantil implica participar activamente en la toma de decisiones y la representación de los estudiantes dentro de la institución educativa. Esto permite a los estudiantes tener voz y voto en asuntos que afectan su entorno académico. Un ejemplo de actividad de gobierno estudiantil podría ser formar parte del consejo estudiantil, participar en reuniones donde se discuten temas relevantes para los estudiantes y trabajar en proyectos que mejoren la calidad de vida estudiantil. Postularse para cargos en el gobierno estudiantil de tu institución, participar en reuniones y debates, colaborar con otros estudiantes para abordar temas importantes y llevar a cabo proyectos que beneficien a la comunidad estudiantil.

Promoción de la conciencia cívica a través de charlas y talleres:

La promoción de la conciencia cívica implica educar y concienciar a las personas sobre sus derechos y responsabilidades cívicas, así como fomentar la participación activa en la comunidad. Las charlas y talleres son herramientas efectivas para difundir información y generar discusiones constructivas.Un ejemplo de promoción de la conciencia cívica a través de charlas y talleres podría ser organizar una conferencia en la comunidad sobre la importancia del voto y la participación en elecciones, o impartir talleres en escuelas sobre la importancia de los derechos humanos. Organizar charlas y talleres en instituciones educativas, bibliotecas o centros comunitarios, invitar a expertos en temas cívicos, compartir materiales informativos y fomentar la participación activa de los asistentes a través de discusiones y actividades interactivas.

Relatos Auténticos de Vidas Extraordinarias

Emma González es una joven activista estadounidense que se ha destacado por su lucha a favor del control de armas y la seguridad escolar. Después del trágico tiroteo en la escuela secundaria Marjory Stoneman Douglas en Parkland, Florida, el 14 de febrero de 2018, donde 17 personas perdieron la vida, Emma se convirtió en una de las voces líderes en el movimiento estudiantil para exigir un cambio significativo en la legislación de armas.

Como sobreviviente del tiroteo, Emma aprovechó la atención mediática para alzar su voz y promover el control de armas y una mayor responsabilidad en la venta y posesión de armas de fuego. Su discurso emotivo y enérgico durante la Marcha por Nuestras Vidas en Washington, D.C., el 24 de marzo de 2018, resonó en todo el país y se convirtió en un símbolo de la lucha juvenil por un cambio positivo en materia de seguridad.

Fuente: The Guardian. (2018, 24 de marzo). Emma González's powerful March for Our Lives speech – full text.

ESCOLLO DE LA EDUCACIÓN NO FORMAL

La educación no formal desempeña un papel crucial en el desarrollo de los jóvenes, complementando la educación formal y brindándoles oportunidades de aprendizaje en contextos informales.

Este escollo se relaciona con los desafíos de la educación más allá del entorno formal, enfatizando la importancia del aprendizaje continuo, el desarrollo de habilidades prácticas y el acceso a oportunidades educativas fuera de las aulas.

La educación no formal ofrece a los jóvenes la posibilidad de aprender de manera práctica y experiencial. A través de talleres, cursos en línea, actividades extracurriculares y programas de aprendizaje no convencionales, los jóvenes pueden adquirir conocimientos y habilidades de una manera más práctica y aplicada a la vida real.

"La educación no es preparación para la vida; la educación es la vida misma." - John Dewey (Filósofo y pedagogo).

Participación en programas de aprendizaje no formal, como talleres, cursos en línea y actividades extracurriculares:

Los programas de aprendizaje no formal son aquellos que se llevan a cabo fuera del ámbito académico tradicional y permiten a los participantes adquirir conocimientos y habilidades de manera flexible y autodirigida. Estos programas ofrecen oportunidades de desarrollo personal y profesional. Un ejemplo de programa de aprendizaje no formal podría ser participar en talleres de programación de computadoras, cursos en línea sobre emprendimiento o actividades extracurriculares como clases de música o deportes.

Explorar diferentes programas de aprendizaje no formal disponibles en tu comunidad, en línea o en instituciones educativas locales, elegir aquellos que te interesen y te desafíen, y comprometerte a participar activamente en ellos para ampliar tus conocimientos y habilidades.

Promoción de la educación no formal a través de campañas de concienciación:

La promoción de la educación no formal implica crear conciencia sobre la importancia y los beneficios de los programas de aprendizaje no formal. Se busca fomentar el acceso igualitario a oportunidades educativas más allá del ámbito escolar tradicional. Un ejemplo de campaña de concienciación sobre la educación no formal podría ser la difusión de información en redes sociales, la organización de charlas en escuelas o la creación de folletos informativos que destaquen las ventajas de participar en programas de aprendizaje no formal.

Diseñar y difundir materiales promocionales sobre la educación no formal, establecer alianzas con instituciones educativas y comunitarias para organizar eventos de concienciación, y compartir testimonios de personas que han experimentado beneficios a través de la educación no formal.

Relatos Auténticos de Vidas Extraordinarias

Anand Kumar es un educador indio y fundador de Super 30, un programa educativo no formal que brinda oportunidades de estudio y preparación para estudiantes con recursos limitados. Nacido en 1973 en Patna, India, Anand experimentó desafíos económicos en su juventud, lo que lo motivó a ayudar a otros jóvenes en situaciones similares a través de la educación.

En 2002, Anand fundó Super 30, un programa que selecciona a 30 estudiantes talentosos de fondos desfavorecidos y los prepara intensivamente para los exámenes de ingreso a las prestigiosas instituciones de tecnología en la India, como el Indian Institutes of Technology (IIT). A través de la educación no formal y la dedicación de Anand, muchos de los estudiantes de Super 30 han logrado ingresar a estas instituciones, abriendo así nuevas oportunidades para ellos y sus familias.

Fuente: The Better India. (s.f.). Anand Kumar: The Genius Behind 'Super 30' Who Has Helped 450 Kids Study at IITs.

ESCOLLO DE LA SALUD FÍSICA

La salud física desempeña un papel fundamental en la vida de los jóvenes, ya que tiene un impacto significativo en su bienestar general, desarrollo personal y calidad de vida. Este escollo se refiere a los desafíos relacionados con el cuidado y la promoción de la salud física, incluyendo la importancia de llevar un estilo de vida activo, mantener una buena alimentación y prevenir enfermedades.

La salud física influye en la autoestima y confianza de los jóvenes. Mantener un cuerpo saludable y activo mejora la imagen corporal, promueve la aceptación de uno mismo y aumenta la confianza en las habilidades físicas. Esto contribuye a una mejor relación con el cuerpo, una mayor seguridad en sí mismos y una actitud positiva hacia la vida.

"La salud es la mayor posesión. La alegría es el mayor tesoro. La confianza es el mayor amigo." - Lao Tzu (Filósofo y fundador del taoísmo).

Promoción de la actividad física y el deporte:

La promoción de la actividad física y el deporte implica fomentar un estilo de vida activo y saludable. Se busca concienciar sobre los beneficios físicos, mentales y emocionales de la actividad física regular y promover la participación en diferentes deportes y actividades físicas. Un ejemplo de promoción de la actividad física y el deporte podría ser organizar eventos deportivos en la comunidad, ofrecer clases gratuitas de ejercicio, difundir información sobre los beneficios de la actividad física a través de medios de comunicación o establecer alianzas con organizaciones deportivas locales. Participar en actividades deportivas locales, establecer metas personales para mantenerse activo físicamente, unirse a grupos o clubes deportivos comunitarios y promover la actividad física compartiendo consejos y experiencias en redes sociales.

Educación sobre una alimentación equilibrada:

La educación sobre una alimentación equilibrada implica proporcionar información y concienciar sobre la importancia de una dieta saludable y equilibrada. Se busca promover hábitos alimentarios nutritivos, variados y adecuados para mantener una buena salud. Un ejemplo de educación sobre una alimentación equilibrada podría ser impartir talleres de cocina saludable, compartir recetas y consejos nutricionales en redes sociales, o colaborar con nutricionistas y expertos en salud para brindar información precisa sobre la importancia de una buena alimentación. Investigar sobre los grupos de alimentos y sus beneficios, planificar comidas equilibradas y nutritivas, elegir alimentos frescos y naturales en lugar de procesados, y compartir recetas saludables con amigos y familiares.

Concienciación sobre la importancia de la prevención y el autocuidado de la salud física:

La concienciación sobre la importancia de la prevención y el autocuidado de la salud física implica informar y motivar a las personas a adoptar medidas preventivas para mantener una buena salud y promover el autocuidado de su bienestar físico.

Un ejemplo de concienciación sobre la importancia de la prevención y el autocuidado de la salud física podría ser organizar charlas sobre hábitos saludables, compartir información sobre la importancia de realizar chequeos médicos regulares o difundir consejos sobre la prevención de enfermedades a través de folletos y campañas en medios de comunicación. Establecer rutinas de cuidado personal, como el lavado de manos frecuente, la práctica de ejercicio regular, la adopción de medidas de seguridad en actividades físicas y la programación de chequeos médicos preventivos.

Relatos Auténticos de Vidas Extraordinarias

Misty Copeland es una reconocida bailarina estadounidense y la primera bailarina afroamericana principal en el American Ballet Theatre. Su historia de vida destaca la importancia de la salud física y el cuidado del cuerpo en la búsqueda de los sueños.

Desde una edad temprana, Misty enfrentó desafíos y barreras en su camino hacia la danza profesional. Sin embargo, con determinación y compromiso, superó obstáculos y se convirtió en una de las bailarinas más destacadas de su generación. Para mantener su rendimiento y alcanzar niveles excepcionales de habilidad física, Misty se ha dedicado a un estilo de vida saludable.

Promueve la importancia de una nutrición adecuada, la práctica regular de ejercicios y el cuidado del cuerpo para optimizar el rendimiento físico. A través de su carrera y trabajo como defensora, Misty inspira a los jóvenes a cuidar de su salud y bienestar para alcanzar sus metas.

Fuente: American Ballet Theatre. (s.f.). Misty Copeland.

Epílogo

Hemos llegado al final de nuestro viaje a través de los desafíos del siglo XXI y las enseñanzas del roverismo. Ha sido un recorrido lleno de aprendizajes, reflexiones y crecimiento personal. En estas últimas páginas, nos gustaría compartir algunas reflexiones finales y recordatorios importantes.

A lo largo de este libro, hemos explorado los escollos que enfrentan los jóvenes de hoy en día y hemos ofrecido estrategias prácticas para superarlos. Hemos abordado la adicción a la tecnología, la presión social y la autoestima, la diversidad y la inclusión, el equilibrio entre géneros, el cambio climático, el liderazgo, la autorrealización y el bienestar mental. Hemos invitado a los lectores a reflexionar sobre su propio camino y a tomar medidas concretas para crear un cambio positivo en sus vidas y en el mundo.

Pero este no es el final, sino el comienzo de un nuevo amanecer. A medida que cerramos este libro, es importante recordar que el roverismo no se trata solo de superar los desafíos individuales, sino de contribuir a la construcción de un futuro mejor y más inclusivo para todos. Cada uno de nosotros tiene un papel vital que desempeñar en la sociedad, y nuestras acciones pueden marcar la diferencia.

El roverismo nos enseña a ser líderes responsables, a valorar la diversidad, a cuidar nuestro entorno y a buscar constantemente el crecimiento personal. A través de la aplicación de los principios del roverismo en nuestra vida cotidiana, podemos convertirnos en agentes de cambio, impulsando una sociedad más justa, sostenible y empática.

No olvides que el éxito no se mide solo por los logros externos, sino también por la calidad de nuestras relaciones, la felicidad interior y el impacto positivo que generamos en los demás. Mantén vivo el espíritu del roverismo en tu corazón, sigue explorando tus pasiones y desafiándote a ti mismo. No temas enfrentar los escollos que se crucen en tu camino, porque tienes la capacidad de superarlos y convertirlos en oportunidades de crecimiento.

A medida que avanzas en tu propio viaje, recuerda que nunca estás solo. Formas parte de una comunidad global de rovers, una hermandad de individuos comprometidos con la construcción de un mundo mejor. Busca oportunidades para conectarte con otros rovers, comparte tus experiencias, aprende de los demás y brinda apoyo mutuo. Juntos, podemos marcar la diferencia y dejar un legado duradero.

En este nuevo amanecer, te invitamos a llevar contigo las lecciones aprendidas en este libro y a convertirlas en acciones concretas. Mantén viva la llama del roverismo en tu vida diaria y sé un faro de inspiración para quienes te rodean. Recuerda que el éxito radica en la capacidad de adaptación, en la resiliencia frente a los desafíos y en la voluntad de seguir creciendo y evolucionando.

A medida que cerramos estas páginas, queremos agradecerte por acompañarnos en este viaje. Esperamos que hayas encontrado inspiración, orientación y motivación para enfrentar los desafíos de tu propia vida. Nunca subestimes tu poder para cambiar el mundo y recuerda siempre que el verdadero éxito proviene de vivir auténticamente y en armonía con tus valores más profundos.

Que este libro sea solo el comienzo de tu aventura como Rover en el siglo XXI. ¡Levántate, sal y haz una diferencia!

Sobre el autor

Alfredo Friedrich Zapata, nacido el 16 de junio de 1995 en la ciudad de Cartago, Valle del Cauca, Colombia, es hijo de Alfredo Friedrich y Gloria Liliana Zapata. Siendo el hijo mayor de este matrimonio, creció al lado de su abuela Matilde Zapata de Friedrich, ya que su padre emigró cuando era niño.

Realizó sus estudios primarios en las sedes Roberto Delgado, Gabriela Mistral y Lastenia Duran. Posteriormente, cursó sus estudios secundarios en la Institución Educativa Sor María Juliana hasta el décimo grado. Luego, tuvo la oportunidad de estudiar en la Yonkers High School de Yonkers, Nueva York, por un periodo corto de tiempo antes de culminar sus estudios en el Instituto Ser Internacional de Cartago.

Alfredo siempre ha creído que la lectura es la forma más saludable de conocer el mundo y sumergirse en la historia. Le apasionan la cocina, el baile, la poesía y las grandes tertulias. Además, es católico y tuvo la oportunidad de compartir momentos significativos con la Provincia de Franciscanos de San Pablo Apóstol de Colombia, donde realizó su postulantado. Durante este tiempo, ha participado en diversas actividades sociales, especialmente con los Scouts.

Ingresó a la Universidad Nacional Abierta y a Distancia UNAD, donde inicialmente cursó un semestre de la Licenciatura en Etnoeducación y posteriormente se trasladó a Psicología. Durante su juventud, exploró diversos trabajos informales y luego se desempeñó como educador en centros terapéuticos.

A los 21 años, viajó a Nueva York, donde trabajó en una fábrica de trofeos y posteriormente en un hotel. Durante más de tres años, formó parte de la empresa de limpieza llamada Molly Maid. Luego, con la amistad de Casey Barber, consolidó su propia empresa, The Luxury Clean, junto a Taylor Hartwright y Malcolm D. Boyd.

En paralelo, participó en la Asociación Scout de Colombia (ASC) y contribuyó al proyecto "Una Carpa, Un Scout", que beneficiaría a los diferentes proyectos rovers del Valle del Cauca y sus alrededores. Años después, junto a otros líderes, consolidaron el proyecto "UCUS" y participaron en la Federación Nacional de Escultismo Tradicional de Colombia (FENEST), aportando positivamente a su crecimiento y expansión. En 2023, el proyecto se convirtió en una Institución de Escultismo independiente, gracias al apoyo de líderes y amigos scouts.

Durante su recorrido por el Escultismo, tuvo la fortuna de acompañar los procesos del concilio de Westchester en Nueva York, donde recibió una beca para obtener la Insignia de Madera y posteriormente el Bachelor Degree en Escultismo otorgado por la BSA.

De esta forma, ha tenido una destacada trayectoria en el Escultismo, desempeñándose en diferentes cargos y roles. Ha sido Caminante y Rover en el Grupo 411 Quimbayas, Rover y Ayudante de Manada en el Grupo 14 Charterhouse, Jefe de Clan y

Consejero del Grupo 37 Gilwell, Ayudante y Jefe de Tropa en la Tropa 67 de Santa Ana en Ossining, Nueva York.

Además, ha tenido participación a nivel nacional, formando parte y ocupando los cargos de Secretario General de Adiestramiento y Enlace Nacional de Programa en la Federación Nacional de Escultismo Tradicional de Colombia (FENEST). Ha ejercido como Director Ejecutivo de "UCUS" y actualmente es el Presidente del Consejo Nacional de la Institución de Escultismo "UCUS".

Gracias a su recorrido por el Escultismo, ha sido un conferencista destacado en temas relacionados con el Escultismo, jóvenes y familia, compartiendo su experiencia y conocimiento en distintos eventos y charlas.

Referencias

Powell, Robert Baden. "Roverismo hacia el éxito." Editorial El Propósito, 1922.

World Health Organization. "Gaming Disorder." Retrieved from https://www.who.int/features/qa/gaming-disorder/en/

American Psychological Association. "Social Media Use and Mental Health." Retrieved from https://www.apa.org/research/action/speaking-of-psychology/social-media-mental-health

United Nations. "Gender Equality and Women's Empowerment." Retrieved from https://www.un.org/sustainabledevelopment/gender-equality/

United Nations Framework Convention on Climate Change. "Climate Change." Retrieved from https://unfccc.int/process-and-meetings/the-convention/what-is-the-convention

Harvard Business Review. "The Dark Side of Leadership." Retrieved from https://hbr.org/2004/01/the-dark-side-of-leadership

Índice